Hallo Welt, ich bin da!

Hier ist Platz für ein erstes Foto

Wenn ich mich kurz vorstellen darf!

Ich heiße ....

Ich wurde geboren am .... in ....

um ...., wog ....und war ....groß.

Da bin ich nun und ich bin ganz neugierig auf diese Welt!

Wie schön, dass du geboren bist!
Wir freuen uns auf ein Leben mit dir!

Hier ist Raum
für die Geburtsanzeige aus der Zeitung und
für die persönliche Geburtsanzeige

Alle sollten erfahren, dass du endlich da bist!
Viele haben sich mit uns gefreut!

Und das ist die ganze Familie

Niemand ist ganz allein auf der Welt. Jeder von uns hat Mama und Papa.
Deine Eltern haben auch wieder Mama und Papa. Das sind deine Omas und Opas. In einem Bild wie dem Stammbaum kann man das toll eintragen und du hast den Überblick, wer alles Teil der Familie ist.

Die Taufe
mein erstes Sakrament

Hier ist Raum
für deinen ersten Fußabdruck

Die Taufe ist ein Sakrament, das erste Sakrament, das du empfängst.
Sakramente sind Zeichen des Glaubens.
Sie wollen uns deutlich machen:
Gott will bei uns sein, unser ganzes Leben lang.
In deiner Taufe schenkt dir Gott die Zusage, dass er immer für dich da ist.

Wir feiern den Empfang der Sakramente und zeigen damit:

Gott soll einen Platz in unserem Leben haben.
Wir leben unser Leben mit ihm und er ist bei uns.

Es ist schön, dass deine Eltern für dich um das Sakrament der Taufe bitten. Sie zeigen damit: Wir übernehmen die Verantwortung dafür, unser Kind im christlichen Glauben zu erziehen. Sie möchten, dass du Jesus als deinen Freund kennen lernst, dass du in die Gemeinschaft der Kirche aufgenommen wirst.

Deine Eltern haben Paten für dich ausgesucht.
Sie übernehmen eine wichtige Aufgabe:

> Sie wollen für dich Wegbegleiter sein
> auf deinem Weg durchs Leben.
> Sie wollen sich mit dir freuen,
> aber auch da sein, wenn du traurig bist,
> wenn du Sorgen hast,
> wenn du jemanden zum Leben brauchst.

Schön ist es, wenn deine Paten auch noch für dich da sind,
wenn du schon viel größer bist.

Meine Taufpaten:

Entstanden ist das Patenamt in der Taufvorbereitung Erwachsener:
Ein Mitglied der Gemeinde bürgt für den Taufbewerber und hilft ihm, in der Gemeinschaft heimisch zu werden.

Die Feier der Taufe

Dein großer Festtag ist da!

Mama und Papa, die Familie, deine Großeltern, deine Paten,
vielleicht auch Freunde sind mit dir zur Kirche gekommen.
Du wirst heute getauft!
Du wirst in die Gemeinschaft der Kirche aufgenommen.
Jesus sagt dir heute in der Taufe zu: Du gehörst zu mir.
Ich bin bei dir, ich gehe mit dir auf deinem Weg ins Leben.

Die folgenden Seiten möchten dich an
die Feier in der Kirche erinnern und dir
die Symbole der Taufe ein wenig erklären.

Das Zeichen des Kreuzes
als Zeichen Christi des Erlösers.

Das Zeichen des Kreuzes als Zeichen für unseren Glauben: Deinen Tod, o Herr, verkünden wir und deine Auferstehung preisen wir, bis du kommst in Herrlichkeit.

Das Zeichen des Kreuzes als Verbindungszeichen zwischen Gott und den Menschen und der Menschen untereinander.

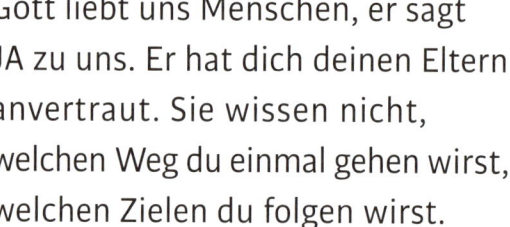

Gott liebt uns Menschen, er sagt JA zu uns. Er hat dich deinen Eltern anvertraut. Sie wissen nicht, welchen Weg du einmal gehen wirst, welchen Zielen du folgen wirst.

Aber im Vertrauen auf Gottes JA zu den Menschen wagen sie den Weg gemeinsam mit DIR, taufen dich in Jesu Namen.

Wir beginnen ein Gebet und auch jeden Gottesdienst mit dem Kreuzzeichen.
Da ist es ein schönes Zeichen, dass alle, die deine Taufe mitfeiern, eingeladen sind, dir zu Beginn der Feier ein Kreuzzeichen auf die Stirn zu zeichnen:

„(Name des Täuflings) mit großer Freude nimmt dich die christliche Gemeinde auf. In ihrem Namen bezeichne ich dich mit dem Zeichen des Kreuzes. Nach mir werden auch deine Eltern, Paten und Verwandten diese Zeichen Christi, des Erlösers, auf deine Stirn zeichnen."

Nun folgt der Wortgottesdienst:

Es wird gesungen, vielleicht haben deine Eltern oder Paten die Lieder für deine Tauffeier extra ausgesucht.

Es wird aus der Bibel, der Heiligen Schrift, vorgelesen. Hier kommt Gott selbst zu Wort. Er möchte mit seiner Botschaft deine Eltern und Paten und alle, die diesen wichtigen Tag mit dir feiern, in ihrem Glauben stärken.

Der Priester oder Diakon, der dich tauft, wird die Schriftlesung mit ein paar Worten erklären.

Nach einem weiteren Gebet legt dir der Taufende die Hände auf.

Warum?

Jesus, so erzählen es die Evangelien, hat den Kindern die Hände aufgelegt und sie gesegnet. Er hat damit deutlich gemacht: Lasst die Kinder zu mir kommen, sie gehören zu mir. Ich habe sie lieb. Jedes Einzelne von ihnen.

Wenn dir die Hand aufgelegt wird, soll das zeigen: Jesus will auch bei dir sein. Er hat dich lieb!
Du gehörst zu ihm!
Diese Zusage wird Jesus jetzt in der Taufe bei dir einlösen.

Deine Eltern haben zu Beginn der Tauffeier gesagt:
Ja, wir wollen, dass unser Kind im christlichen Glauben aufwächst,
dass es ein Freund, eine Freundin Jesu wird. Deine Paten wollen deine
Eltern bei dieser wichtigen Aufgabe unterstützen.

Im Gedenken an die eigene Taufe bekennen deine Eltern und deine Paten
nun ihren Glauben.

Bekennen heißt, laut sagen:

Ja, ich glaube!

Du kannst es mit folgenden Worten ausdrücken:

Ich glaube, dass der liebe Gott
mich so lieb hat und beschützt,
wie Mama und Papa mich lieb haben und beschützen.

Ich glaube, dass der liebe Gott alles gemacht hat,
den Himmel, die Erde und alles, was auf ihr
wächst und lebt.
Jesus ist auf diese Welt gekommen,
als Kind, ganz klein; so wie ich, als ich
geboren wurde. Maria war seine Mama.
Er hat den Menschen viel vom lieben Gott erzählt,
hat vielen von ihnen geholfen und wurde doch
von ihnen ans Kreuz geschlagen und ist gestorben.
Aber es war nicht alles aus.

Er ist wieder auferstanden und hat den Menschen
neue Hoffnung gegeben.
Ich freue mich so, dass Jesus mein Freund ist,
dass ich auch anderen gerne von ihm erzähle.

Ich glaube daran, dass die Kirche ein Haus
aus bunten Steinen ist, und wir alle,
Mama, Papa, Oma, Opa, meine Geschwister und Freunde,
alle hier, solche bunten, lebendigen Steine sind.

Ich glaube daran, dass der liebe Gott
uns das verzeiht, was wir falsch gemacht haben,
weil er uns ganz lieb hat. Amen.

Die Taufe mit Wasser

Du wirst mit Wasser getauft, aber warum mit Wasse[r]

💧 Wasser ist Leben!

Wo kein Wasser ist, trocknet die Erde aus.
Dort kann nichts wachsen.
Wir wissen, wie schön die Wüste blüht, wenn die Regenzeit kommt.
Und wie schnell ist wieder alles trocken und öde,
wenn die Sonne den letzten Wassertropfen hat verdunsten lassen.
Wasser ist für unser Leben genauso wichtig wie das tägliche Brot.

💧 Wasser reinigt!

Wir brauchen das Wasser, um uns zu waschen,
unsere Kleider und unsere Häuser sauber zu halten
Wer kennt nicht das Gefühl einer erfrischenden Du[sche]
nach einem anstrengenden, schweißtreibenden Tag
nach einer langen Reise.
Wir fühlen uns anschließend wie neu geboren.

Die Taufe mit Wasser sagt uns:

Wasser ist die Quelle allen Lebens!
Genauso ist Gott.
Weil Gott da ist, können wir leben.
Er hat uns das Leben geschenkt und damit auch die Fähigkeiten
und Talente, die jeden von uns einzigartig machen.

Wasser reinigt.

Die Taufe mit Wasser nimmt von uns all das,
was uns von Gott trennen kann.
Wir werden in der Taufe neu geboren, wir dürfen darauf vertrauen:
Wir sind Kinder Gottes.
Wir können mit allem, was uns bewegt, zu Gott kommen.
Er ist zu uns wie ein guter Vater.

Ich taufe dich

im Namen des Vaters

und des Sohnes

und des Heiligen Geistes.

Gott ruft dich bei deinem Namen

Gott spricht jeden von uns ganz persönlich an!
Er ruft auch dich bei deinem Namen.

Beim Propheten Jesaja steht ein Satz, der das ganz deutlich ausdrückt:

„Ich habe dich beim Namen gerufen, du gehörst mir!" (Jes 43,1)

Das erste Mal von Gott beim Namen gerufen wirst du in der Taufe, wenn der Priester sagt:
„ _____ ich taufe dich im Namen des Vaters und des Sohnes und des Heiligen Geistes."
Du wirst mit dem Namen angesprochen, den deine Eltern dir gegeben haben.

Gott kennt uns alle bei unserem Namen. Wir sind für Gott keine Nummer, sondern einzigartige Geschöpfe.

Wenn wir jemanden mit Namen kennen, verbinden wir etwas mit diesem Menschen. Wir wissen, wie er aussieht, wo er wohnt oder woher wir ihn kennen. So gut und noch viel besser kennt Gott jeden einzelnen Menschen. Er weiß, wer du bist und wer wir sind und er hält seine schützende Hand über dich und uns, weil er dich liebt, weil er uns liebt.

Die Salbung mit Chrisam

Nach der Taufe mit Wasser wirst du mit Chrisam, das ist ein vom Bischof geweihtes Salböl, gesalbt.

Diese Salbung soll noch einmal unterstreichen, dass du für Gott wichtig und einzigartig bist.
Du gehörst nun zu Christus und seiner Kirche.

Zur Zeit Jesu und auch später wurden Kaiser und Könige mit Öl gesalbt.
Es war etwas ganz besonderes.
Schon nach der Geburt Jesu im Stall von Betlehem brachten die drei Weisen dem neu geborenen Kind Weihrauch, Myrrhe (das ist eine kostbare Salbe) und Gold. Dinge, die man einem König bringt.
Christus heißt übersetzt „der Gesalbte". Er ist König, Priester und Prophet.
Du gehörst nun zu ihm, bist jetzt bei ihm so wichtig, wie ein kleiner König.

Das Taufkleid

Viele Familien haben ein Taufkleid und bringen es zur Tauffeier mit in die Kirche.
Du hast bestimmt auch ein Taufkleid, das dir nun angezogen wird. Sonst wird dir ein weißes Kleid von der Kirchengemeinde aufgelegt.

Zur Überreichung des Taufkleides spricht der Priester oder Diakon:

„_____ dieses weiße Kleid soll dir ein Zeichen dafür sein, dass du in der Taufe neu geschaffen worden bist und – wie die Schrift sagt – Christus angezogen hast. Bewahre diese Würde für das ewige Leben."

„Christus angezogen",

das hört sich ein bisschen komisch an, soll aber einfach heißen: Du gehörst jetzt zu Christus, zur Gemeinschaft der Kirche, du bist ein Kind Gottes!
Viele Familien haben ein Taufkleid und bringen es zur Tauffeier mit in die Kirche.

Die Taufkerze

In der Osternacht feiern wir Christen
die Auferstehung Jesu.
Nach den Trauertagen der Karwoche
wird die Osterkerze geweiht und mit dem
dreimaligen Liedruf „Christus das Licht"
in die Kirche getragen.

Dieses Licht der Osterkerze erhellt das Dunkel
der Nacht.
Sie bringt mit ihrem Licht und ihrer Wärme
die Botschaft:

Jesus ist auferstanden.

Jesus hat das Licht in die Welt gebracht.
Er ist für viele Menschen zum Lichtblick geworden.
Er hat ihr Leben hell und warm gemacht.

Genau das gilt auch für uns heute noch:
Jesus ist unser Licht. Er macht unser Leben hell,
er hat uns lieb.
Er verspricht uns: Ich werde bei euch sein.

Bei der Tauffeier wird deine Taufkerze an der Osterkerze
entzündet und deinen Eltern feierlich überreicht.

Christus möchte Licht sein in deinem Leben.
Er möchte dir aber auch helfen, in deinem Leben Licht zu sein
für andere Menschen.

Die Taufkerze zeigt: Gott ist mitten unter uns. Er begleitet dich
mit seinem Licht und Segen durch dein Leben.

Die Taufkerze erinnert uns immer wieder daran.

Zu besonderen Festtagen in deinem Leben kann sie immer
wieder entzündet werden, z.B. zu deinen Geburtstagen,
an deinem Erstkommuniontag, am Tag deiner Firmung,
zur bestandenen Prüfung, zur Hochzeit.

Du siehst, deine Taufkerze ist eine besondere Kerze, die dich
immer wieder an diesen besonderen Festtag und die Zusage,
die Gott dir heute schenkt, erinnert.

Der Effata-Ritus

Das ist aber ein komisches Wort: „Effata".
Das Wort kommt aus dem Aramäischen (Hephata) und heißt so viel wie:

Öffne dich!

Der Priester oder Diakon berührt deine Ohren und deinen Mund.

DEINE OHREN sollen offen sein für das Wort Gottes, für das, was er dir sagen möchte.

DEIN MUND soll offen sein, dass du anderen von Gott erzählst. Dass deine Worte, die du zu anderen sagst, die gute Nachricht weiter tragen.

DEINE AUGEN sollen offen sein für alles, was in der Welt um dich herum passiert.
Du sollst es sehen, bemerken können, wenn jemand Hilfe braucht, ein gutes Wort, ein Lächeln, ein bisschen Trost.

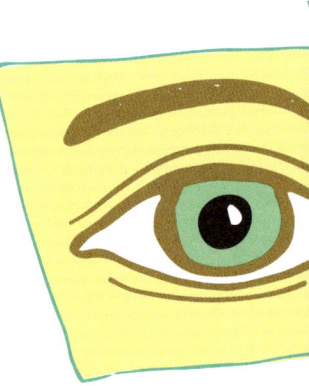

DEIN HERZ Soll offen sein für die Liebe, die du empfängst. Viele Menschen haben dich lieb und geben dir Geborgenheit und Schutz. Jesus hat dich lieb und gibt dir Geborgenheit und Schutz. Und es ist schön, wenn du diese Liebe auch immer wieder an andere Menschen weiter gibst.

ÖFFNE DICH! Sei offen für den Glauben, lebe ihn mit Augen, Ohren, Herzen, Mund und Händen.

Nun sind du und deine Gäste fast am Ende der kirchlichen Feier angelangt.
Zum Abschluss wird noch das Vaterunser, das Gebet, das alle Christen miteinander verbindet, gebetet.

Vater unser im Himmel,
geheiligt werde dein Name.
Dein Reich komme.
Dein Wille geschehe,
wie im Himmel, so auf Erden.
Unser tägliches Brot gib uns heute.
Und vergib uns unsere Schuld,
wie auch wir vergeben unseren Schuldigern.
Und führe uns nicht in Versuchung,
sondern erlöse uns von dem Bösen.
Denn dein ist das Reich
und die Kraft
und die Herrlichkeit,
in Ewigkeit.

Amen.

Segnen heißt „Gutes zusagen"

Gott sagt jedem Einzelnen von uns immer wieder zu: Ich bin bei dir!
Ich begleite dich mit meinem Segen.
Deshalb dürfen wir gerade zum Abschluss einer Tauffeier und immer wieder um Gottes Segen bitten:

Den Segen Gottes wünsche ich dir,
der dich in der Taufe annimmt
als sein Kind.

Den Segen Gottes wünsche ich dir,
der dir das Leben geschenkt hat
und damit Fähigkeiten und Talente,
die dich einzigartig machen.

Den Segen Gottes wünsche ich dir,
der in der Taufe mit Wasser all das von dir nimm
was dich von ihm trennen kann.

Den Segen Gottes wünsche ich dir,
der dich ganz persönlich anspricht.
Der dich bei deinem Namen ruft.

Den Segen Gottes wünsche ich dir,
der dich mit seinem Licht durch dein
Leben begleitet.

Den Segen Gottes wünsche ich dir,
der dir helfen will,
in deinem Leben Licht für andere zu sein.

Den Segen Gottes wünsche ich dir,
der dir zusagt, immer bei dir zu sein.

Der HERR segne dich und behüte dich.
Der HERR lasse sein Angesicht über dich leuchten
und sei dir gnädig.
Der HERR wende sein Angesicht dir zu
und schenke dir Frieden.
(Num 6,24-26)

Mein Fest der Taufe

so haben wir gefeiert

Die Taufe ist oftmals der erste große persönliche Festtag im Leben eines Kindes. Die Feier der Taufe, ein Fest der Familie.

Deine Eltern wollen zeigen: Wir sind sehr dankbar, dass uns dieses Kind geschenkt wurde. Wir freuen uns und wollen diese Freude mit unseren Familien und Freunden teilen. Wir wollen mit dem Fest der Taufe aber auch zeigen: Wir möchten, dass unser Kind ein Kind Gottes ist. Unser Glaube ist uns wichtig. Diesen Glauben möchten wir an unser Kind weitergeben.

Die nächsten Seiten bieten Platz, alle schönen Erinnerungen an deine Tauffeier und alle guten Wünsche für dich festzuhalten.

Es stand im Pfarrbrief:

Ausschnitt aus dem Pfarrbrief/
Kirchenblatt... einkleben.

Und das ist die Taufkirche

Foto, Postkarte... einkleben.

Am .... war es soweit!

Ich wurde in der .... Kirche

von .... getauft.

Es war ein richtiger Festtag. Ganz viele Leu[te] haben sich mit mir gefreut und sind mit zum Gottesdienst gekommen.

Hier ist Platz, die Gäste einzutragen.

Vielleicht gibt es auch ein Gruppenbild von der kirchlichen Feier.

Wir haben dir einen Namen gegeben,
der dich unverwechselbar machen

Deshalb haben wir dir diesen Namen ausgesucht.

Hier ist Platz für die Eltern einzutragen, warum sie diesen Namen für ihr Kind ausgesucht haben. Vielleicht etwas über den Namenspatron, oder warum ihnen der Mensch, der diesen Namen auch schon getragen hat, besonders wichtig ist, was sie mit diesem Namen verbinden.

_____

_____

_____

_____

Viele gute Wünsche begleiten di

n deinem Festtag.   Eltern, Paten, Großeltern,
alle deine Gäste haben Wünsche
für deinen Lebensweg.

So haben wir meinen großen Festtag gefeiert

Hier ist Platz zum Eintragen, für Fotos etc.
Gerade im Zeitalter der digitalen Medien ist es schön,
wenn das ein oder andere Foto statt nur auf der Fest-
platte ausgedruckt hier seinen Platz findet.

Liebe Eltern,

Sie feiern das Fest der Taufe Ihres Kindes!
Für Ihr Kind ist dieser Tag der Beginn einer hoffentlich langen und erfüllten Freundschaft mit Jesus. Für Sie ist dieser Tag ein besonderer Festtag, der viel Vorbereitung und Organisation mit sich bringt.

Die folgenden Seiten sind an Sie gerichtet, sie möchten Sie einstimmen auf den großen Tag. Die Texte und Anregungen möchten Sie ermutigen, sich neben all den organisatorischen Vorbereitungen – wo werden wir feiern, was gibt es zu essen, wen laden wir ein, etc. – auch auf die eigene innere Vorbereitung auf die Taufe Ihres Kindes einzulassen.

Ich wünsche Ihnen, Ihrem Kind und all Ihren Gästen ein unvergesslich schönes Fest, an das Sie sich gerne erinnern. Möge es eine wichtige Station auf Ihrem Weg mit Jesus sein.

Es ist ein schöner, alter Brauch insbesondere in der evangelischen Kirche, dass Eltern einen Taufspruch für die Taufe ihres Kindes aussuchen. Mittlerweile werden Taufsprüche auch in der katholischen Kirche den Kindern gewidmet.
Dieser Taufspruch kann Leitspruch für den Lebensweg des Kindes sein.

Diesen Taufspruch haben wir für dich ausgesucht:

Diese Taufsprüche sollen eine Anregung sein, in der Bibel oder auch im Internet zu stöbern:

Ich habe dich beim Namen gerufen, du gehörst mir. (Jes 43,1)

Wer sich so klein macht wie dieses Kind, der ist im Himmelreich der Größte. Und wer ein solches Kind in meinem Namen aufnimmt, der nimmt mich auf. (Mt 18,4f)

Siehe, ein Erbteil vom HERRN sind Söhne, ein Lohn ist die Frucht des Leibes. (Ps 127,3)

Doch nun, HERR, du bist unser Vater. Wir sind der Ton und du bist unser Töpfer, wir alle sind das Werk deiner Hände. (Jes 64,7)

Seht, welche Liebe uns der Vater geschenkt hat: Wir heißen Kinder Gottes und wir sind es. (1 Joh 3,1)

Lasst die Kinder und hindert sie nicht, zu mir zu kommen! Denn Menschen wie ihnen gehört das Himmelreich. (Mt 19,14)

Und er nahm die Kinder in seine Arme; dann legte er ihnen die Hände auf und segnete sie. (Mk 10,16)

Die Taufkerze

Die Taufkerze zeigt: Gott ist mitten unter uns.
Er begleitet das Kind mit seinem Licht und Segen durch sein Leben.

Es gibt fertige Taufkerzen zu kaufen. Einige Gemeinden bieten Taufkerzen an.
Taufkerzen können auch von Hand gefertigt und dann individuell gestaltet werden.

Folgende Symbole, können eine Taufkerze zieren:

DAS SCHIFF/ BOOT ist ein altes Symbol für das menschliche Leben. Die Kirche als Gemeinschaft der Glaubenden wird symbolisiert durch ein Schiff oder Boot mit Christus selbst am Steuer.

WASSER, lebensspendend und reinigend, als Quelle allen Lebens.

DER REGENBOGEN als Zeichen für Gottes Bund mit den Menschen.

DER FISCH gilt als geheimes Erkennungssymbol der ersten Christen. Die Buchstaben des griechischen Wortes für Fisch (ΙΧΘΥΣ) setzen sich aus den Anfangsbuchstaben der Wörter zusammen, die bedeuten: Jesus Christus, Gottes Sohn, Retter der Welt.
Später wurde der Fisch zum Symbol für die getauften Christen.

DIE TAUBE ist das Symbol für den Heiligen Geist.

Neben diesen Symbolen können auch der Name des Kindes und das Taufdatum auf der Kerze ihren Platz finden. Die Taufkerze ist eine besondere Kerze für Ihr Kind und so wird sie allein schon durch liebevolles Aussuchen oder Gestalten zu etwas Besonderem.

Das Taufkleid

Damals in der jungen Kirche wurden die Menschen, die sich zum Christentum bekehrten, immer in der Osternacht getauft. Als Zeichen für ihre Umkehr und ihre Befreiung von allen Sünden zogen sie ein weißes Taufkleid an, das sie eine Woche lang, bis einschließlich Sonntag nach Ostern, getragen haben.
Daher kommt auch der Name dieses Sonntags nach Ostern: Weißer Sonntag.
Heute gehen in vielen Gemeinden die Kinder am Weißen Sonntag zum ersten Mal zur heiligen Kommunion.

Vielleicht haben Sie ein Familientaufkleid, in dem schon andere Familienmitglieder das Sakrament der Taufe empfangen haben?
Vielleicht wollen Sie Ihrem Kind ein Taufkleid nähen oder kaufen?
Das Taufkleid hat eine besondere Bedeutung und wird während der Feier Ihrem Kind überreicht.
Deshalb wäre es schön, wenn Sie das Taufkleid zur Feier mitbringen und es Ihrem Kind erst nach der Überreichung anziehen oder auflegen.

Wenn Sie kein eigenes Taufkleid haben, sagen Sie das im Vorfeld beim Taufgespräch.
Die Gemeinden haben in der Regel ein weißes Kleid, das dem Täufling in der Feier dann aufgelegt wird.
Ein wunderschönes Taufkleid ist sicher ein festliches Accessoire an diesem Tag; und wenn Sie den tieferen Sinn im Blick behalten, werden Sie die richtige Entscheidung treffen.

Segnen heißt Gutes zusagen

Wir dürfen immer wieder um den Segen Gottes bitten.
Aber auch wir dürfen segnen – anderen, insbesondere unseren Kindern Gutes zusagen.

 Zu Beginn der Tauffeier sind Sie als Eltern eingeladen, Ihrem Kind ein Kreuzzeichen auf die Stirn zu zeichnen, es zu segnen.

Wie schön kann es für Sie und vor allem für Ihr Kind sein, wenn Sie dieses Zeichen als tägliches Ritual beibehalten.
Wenn Sie mit Ihrem Kind den Tag beginnen, wenn Sie es zu Bett bringen, wenn es das Haus verlässt zum Spielen, in den Kindergarten oder später zur Schule geht.
Sagen Sie ihrem Kind Gutes zu. Segnen Sie es in dem Vertrauen, dass Gottes Zusage Bestand hat:

Ich bin bei Euch, ich bin bei Dir, ich bin bei Deinem Kind.

Gottes Segen sei für dich ...

... wie eine Hand, die dich hält

... wie eine warme Decke, in die du dich hineinkuscheln kannst

... wie ein leichter Wind, der einen Drachen steigen und Seifenblasen tanzen lässt

... wie ein Licht, das hell leuchtet, wenn es abends dunkel wird

... wie ein Haus, das dich beschützt

... wie ein Vogelnest, in dem du sicher und geborgen bist, wie ein Vogelkind

... wie ein schönes und unerwartetes Geschenk

Beten

Kommunikation, das Gespräch miteinander, ist die Grundlage einer jeden Beziehung. Je vertrauensvoller die Beziehung ist, desto mehr öffnen wir uns, sprechen wir aus, was wir denken.

Sie haben sicher auch schon vor der Geburt mit ihrem Kind gesprochen, diesem kleinen Wesen, das im Bauch der Mutter immer mehr heranwuchs, viele liebevolle Dinge erzählt. Jetzt, wo ihr Kind auf der Welt ist, sehen Sie, wie es auf Ihre Worte reagiert, mit Ihnen kommuniziert. Wie spannend wird es erst, wenn Ihr Kind die ersten „verständlichen" Worte sagt.

Mit der Bitte um die Taufe für Ihr Kind haben Sie deutliche gemacht: „Ja, ich möchte, dass dieses Kind im Glauben aufwächst. Ich möchte, dass Jesus sein Freund und Lebensbegleiter wird."

Damit eine Freundschaft lebendig bleibt, braucht es den Austausch, die Kommunikation. In der Freundschaft mit Jesus, mit Gott, braucht es das Gebet.
Beten ist nicht kompliziert: Beten heißt, Gott oder seinem Sohn Jesus alles das anzuvertrauen, was mich bewegt.

Hilfestellung können da die sogenannten Grundgebete der Kirche sein. Es ist hilfreich, das Vaterunser oder das Gegrüßet seist du Maria zu kennen.
Das persönliche Gebet lebt von eigenen Worten: Meine Freude, meinen Dank aber auch meine Fragen und meine Angst und meine Wut darf ich vor Gott bringen. ER hört mir zu.

Sie können den Tag mit einem kleinen Gebet beginnen:
„Guten Morgen lieber Gott. Ich freue mich auf den Tag.
Sei Du bei mir, was auch immer ich heute erlebe. Amen."

Mit einem Tischgebet danken Sie für das Essen. Am Abend
schauen Sie auf den Tag zurück und bitten um den Segen für
die Nacht. Kleine Rituale helfen, das Gebet in den Tag zu integrieren.
Hilfreich ist es, Raum für das Gebet zu schaffen. Ruhige Momente,
in denen es möglich ist, ganz bei sich zu sein. Zum Beispiel am Abend
vor dem Zubettgehen.
Kinder teilen sich gerne mit. Ermutigen Sie Ihr Kind, sich Jesus mitzuteilen.
Ihm zu erzählen, was es bewegt, genauso, wie es Ihnen oder den Großeltern etwas erzählt.

Du bist für mich da

Danke, lieber Gott, dass du mir immer zuhörst;
dass du mit mir lachst, dich mit mir freust;
dass du mit mir weinst, mich tröstest;
dass du mein Schimpfen aushältst,
dir meine Bitten anhörst;
dass du immer bei mir bist,
egal, wo ich gerade bin.
Danke, lieber Gott,
dass du so oft Zeit für mich hast.

Du mein Kind

Du mein Kind
so klein in meinem Arm
Geschenk des Schöpfers
wunderbar
wertvoll
einzigartig

Du mein Kind
so klein in meinem Arm
ich will dich begleiten
in dein Leben
mit all meiner Liebe
mit all meiner Sorge

Du mein Kind
so klein in meinem Arm
ich wünsche dir Freude
Freude, die du erfährst
Freude, die du anderen schenkst

Ich wünsche dir
die Fähigkeit zu streiten
mit anderen
für andere

Ich wünsche dir
Mut zur Versöhnung
dass du verzeihen kannst
dass dir verziehen wird

Du mein Kind
so klein in meinem Arm
ich wünsche dir
Wissensdurst
Entdeckergeist
Mut und Geduld

Ich wünsche dir Menschen
die dein Leben begleiten
liebevoll
wohlwollend
beschützend

Du mein Kind
so klein in meinem Arm
mit all meiner Liebe
all meiner Sorge
vertraue ich dich
vertraue ich dein Leben
dem Segen Gottes an

Die Autorin

Pia Biehl, geb. 1965; Mutter von drei erwachsenen Töchtern. Seelsorgliche Begleitung in einer Wohn- und Pflegeeinrichtung. Autorin von Kinder- und Jugendbüchern.

Die Illustratorin

Anna-Katharina Stahl M.A., geb. 1974, künstlerische Ausbildung in Stuttgart, Saarbrücken und München. Artdirektorin in Frankfurt a.M., seit 2005 selbständige Grafikdesignerin, freie Illustratorin und Künstlerin mit zahlreichen Ausstellungen.